エリーゼのために

白石はるみ 詩集

かないゆみこ 絵

JUNIOR POEM SERIES

銀の鈴社

もくじ

Ⅱ

心のプリズム

Ⅰ　エリーゼのために

エリーゼのために

田舎《いなか》のおばあちゃんが子どものときに
「エリーゼのために」を弾《ひ》いたピアノ

お嫁《よめ》にくるときに
タンスといっしょに
おじいちゃんの所にきたピアノ

おとうさんが子どものときに
「エリーゼのために」を弾いたピアノ

きのう
わたしのところに届《とど》いた

とら猫《ねこ》が乗っていたずらしたから
すこし傷《きず》がついているけど
みがいたらぴかぴか

トラックで運ばれてきたから
びりびりした音がまじっていたけど
調律《ちょうりつ》してもらったら
豊《ゆた》かなやさしい音になった

今日
わたしも「エリーゼのために」を弾いてみた

あの日の音でピアノが歌いだした
おばあちゃんのこと
おとうさんのこと

バイオリン

バイオリンの細い弦《げん》が
ホールをゆるがす

三百年も前から
名手《めいしゅ》によって
弾《ひ》き続けられてきた
ストラディバリウスだから

あんなに美しい声で

歌い続けることができるのか
太陽の光で紡《つむ》がれた音が
バイオリンから
宇宙《そら》に向かって
無数にのび続けている

土笛《つちぶえ》

草原からきこえてくる
オカリナのふし

太古《たいこ》の土から
つくられた楽器は
昔の人たちの
足音をしっている
地面がすいこんだ
涙《なみだ》の色をしっている

草木が空へ向かう
わけをしっている

同じだね

古代人も歌ったのかな
狩《か》りに出かけるとき
オーオー　ウォウォウォー
きっと歌ったよ
とびっきりの大声を出して
宇宙人《うちゅうじん》も歌うのかな
地球に着いたとき
ウーウー　ウォウォウォー

きっと歌うよ
とびっきりのジェスチャーをきめて

ぼくたちは歌うよいつも
みんなといっしょのとき
アーアー　ウォウォウォー
やっぱり同じだね
とびっきりの笑顔《えがお》をふりまき

ねがい

わたしの声を
小さな妖精《ようせい》たちは
運んでくれるかしら
月夜の空をとんで

窓の外に向かって
できるだけ美しい声で
できるだけ素直《すなお》になって
今日のできごとを歌にして

明日の夢《ゆめ》を歌にして
眠《ねむ》くなるまで歌ったら

わたしの声に
天使のつばさをつけて
届《とど》けてくれるかしら
夜が明ける前に

れんげ草

野原に緑が萌《も》えだしたら
お別れだっていっていた

いつもそばにいて
大丈夫《だいじょうぶ》だよって
励《はげ》ましてくれた

いつもそばにいて
泣《な》き出しそうなぼくを
助けてくれた

おはようっていっても
大好きな歌を歌っても
風に吹かれて
たんぽぽがゆれているだけ

野原にれんげ草が咲《さ》いて
しろつめくさが咲いたら
押《お》し花にして君に贈《おく》るね
お手紙をつけて

ありがとう
また会えるといいね

魔法《まほう》

鈴《すず》とギロ
ギロとタンバリン
タンバリンと太鼓《たいこ》

二つの楽器を合わせると
ウキウキドキドキ
踊《おど》りだす

ぼくと君

君とあの子
あの子とこの子

二人の声を合わせると
ほわほわドキドキ
響《ひび》きだす

みんなで楽器を合わせると
みんなで声を合わせると
ウキウキ百倍
ほわほわ千倍
魔法だね

クラゲ

歌いたいなあ
みんなと声をあわせて
まとまった声の響《ひび》きの中は温《あたた》かくて
一人ぼっちの子なんていないんだ
不思議なんだ
手をつないでいなくても温かいんだ

歌いたいなあ
三つの節《ふし》をあわせて

ハーモニーができると
友だちがテレパシーを送ってくれるんだ
不思議なんだ
美しい響きの波が体の中を通り抜《ぬ》けて行くんだ

歌いたいなあ
声の響きの海の中で
小さなクラゲになって
それぞれが光りだすまで

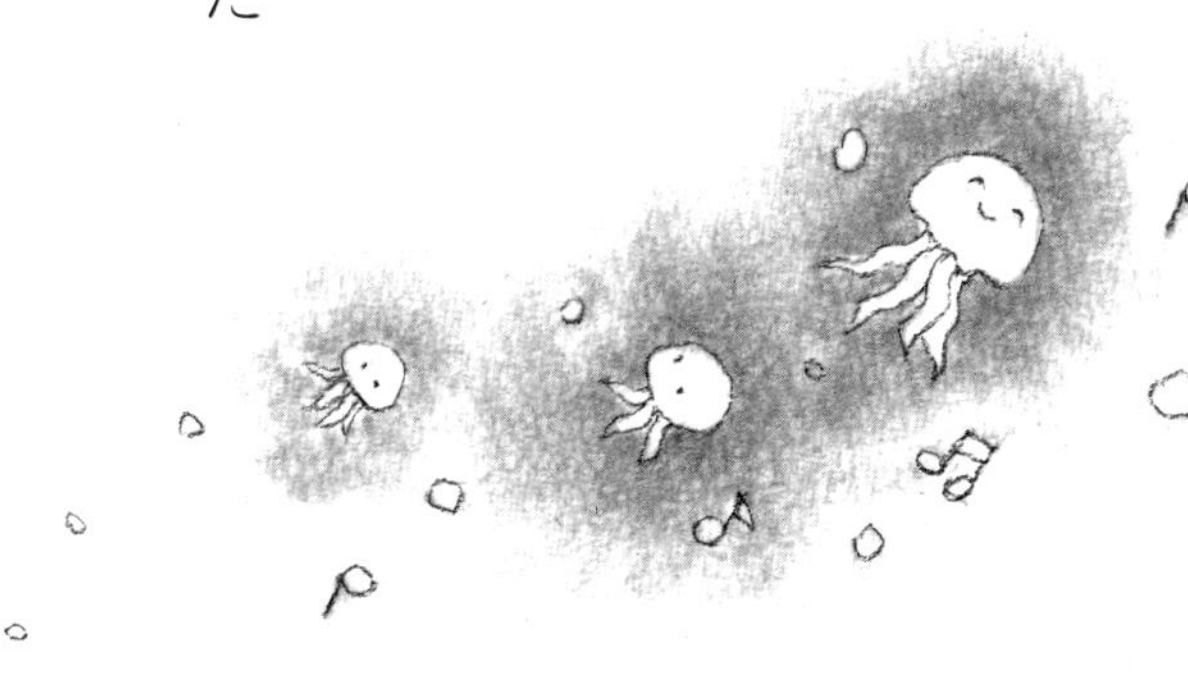

大好きな歌

丘に登って
大好きな歌を歌おう
足踏《ぶ》みしながら
拍子《ひょうし》をとると
緑の風も踊《おど》るよ
いっしょに歌おうね

空を仰《あお》いで
大好きな歌を歌おう

体をゆらして
ハミングすると
きらめく星にとどくよ
いっしょに歌おうね

森の小道で
大好きな歌を歌おう
手拍子《びょうし》しながら
リズムにのると
木《こ》もれ日たちもはじける
いっしょに歌おうね

虹《にじ》色の花

春には桜《さくら》色の歌声が響《ひび》く
新しい仲間のために
冬に播《ま》いた歌の種
寒さに耐《た》えて芽を出して
歌声の花を咲かせたよ

秋には虹色の歌声が響く
音楽会のステージのために
夏に播いた歌の種
暑さに耐えて芽を出して

コーラスの花を咲かせたよ

君といっしょに
何度も歌っているうちに
ますます歌が好きになって
友だちの良さがわかってきた
なんてコーラスは愉快《ゆかい》なんだ
なんて仲間は素敵《すてき》なんだ

歌の種よ風に乗って飛んで行け
時を越《こ》え空を越えて
虹色の花を咲かせよう
コーラスの花を咲かせよう

舞曲《ぶきょく》

一　練習

君は大太鼓《だいこ》
ぼくたちは笛《ふえ》
たくさんの鍵盤《けんばん》ハーモニカ
前に並んでいるのはアコーディオン
それから
オルガン
小太鼓

マラカス
タンバリン
木琴《もっきん》
鉄琴《てっきん》

百人で合わせると
何の曲だかわからない
はじめは
どの楽器もいばってる
皆で競争だ
主役はだれ
脇《わき》役はだれ

舞曲《ぶきょく》

二　発表会

笛《ふえ》からアコーディオンへ
アコーディオンから鍵盤《けんばん》ハーモニカへ
メロディーのリレー
主役の旋律《せんりつ》は風になり
草原の草花を揺《ゆ》らしている
鉄琴《てっきん》と木琴《もっきん》は光になり
湖面《こめん》ではじけて飾《かざ》り立てる

オルガンは
　ドゥンドゥンドゥンドゥン
ドゥンドゥンドゥンドゥン

リズムにのって
太鼓《たいこ》と
マラカスと
タンバリンが踊《おど》りだすと
ぼくたちの心も踊る

フィナーレは
主役のラインダンス
華《はな》やかな幕引《まくひ》きだ
脇《わき》役も思いっきり
みんなで息を吸《す》って響きをのばして
一拍二拍三拍……七拍
百分の一秒の早業《はやわざ》で揃《そろ》えて切る
だれもはみ出さなかった
お客さんも息を止めた

時間

カシオペア
北極星
白鳥座
アンドロメダ
無数の星たち

一つの点から生まれた少女
暗闇《くらやみ》に立つ

何億光年もの昔に光を発した
一つの星の光が
少女の瞳《ひとみ》の中で輝《かがや》く

流れ星の
今燃《も》えつきようとしている光も
少女の瞳に映《うつ》る

星の時間も
少女の時間も
地球の時間も
草むらで鳴く鈴虫《すずむし》の鈴の音《ね》にとけていく

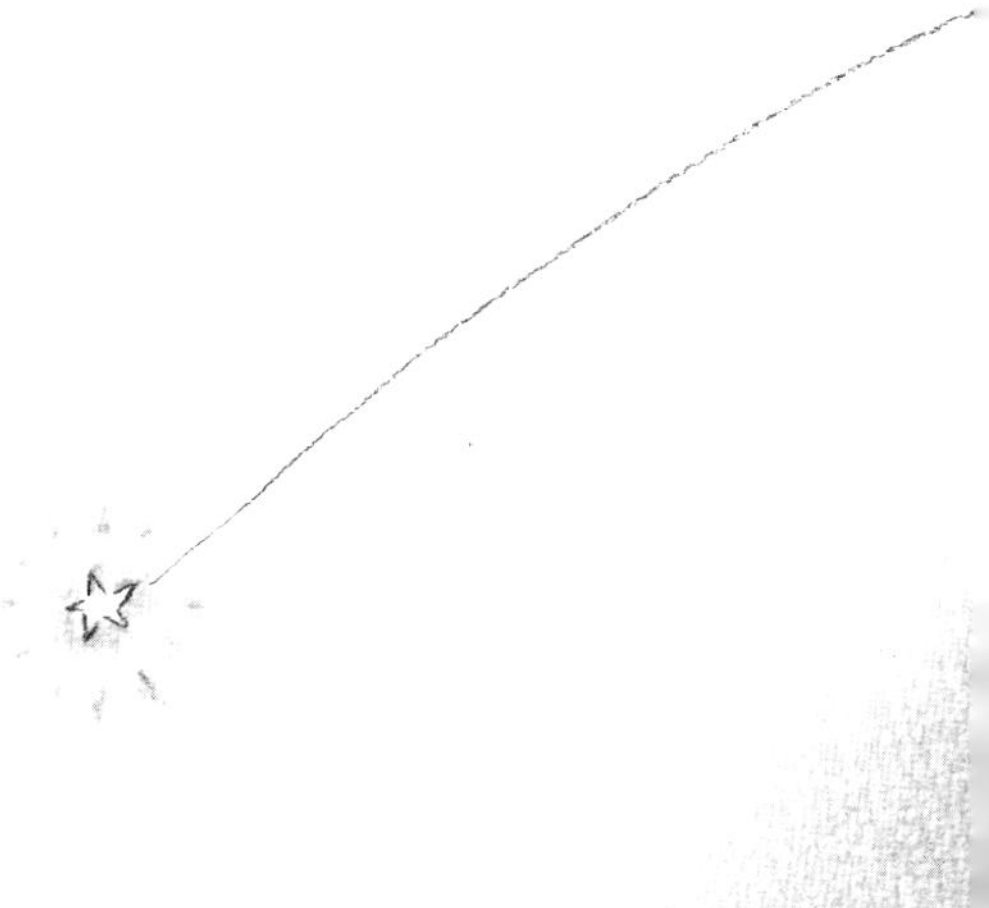

明日《あした》になったら

明日になったら言えないから
今日のうちにありがとう
いっしょに歌をうたった君
おおごえで笑《わら》いあった君
いっしょにボールをけった君
いろいろなことがあったね
明日になったら会えないから
いまのうちにありがとう

明日になったら言えないから
今日のうちにありがとう
きびしくしかられたこと
がんばったねとほめられたこと
悩《なや》みをきいてもらえたこと
いろいろなことがあったよ
明日になったら会えないから
いまのうちにありがとう

みんなからもらった
たくさんの思い出を
ポケットにつめこんで

ぼくたちは歩いて行く

みんなで紡《つむ》いだ
たくさんの知恵袋《ちえぶくろ》を
ポケットから出しながら
わたしたちは歩いて行く

未来へと続く道を
青空の向こうに輝《かがや》く星をみながら

Ⅱ　心のプリズム

めがね

ワシや鷹《たか》にめがねを借りたら
ヘリコプターから
地上のねずみが見えるかしら
トンボからめがねを借りたら
空を飛ぶ
小さな虫が見えるかしら
しまうまからめがねを借りたら

後《うし》ろから来る
ライオンが見えるかしら

こうもりにめがねを借りたら
今まで歩けなかった
暗闇《くらやみ》でも転《ころ》ばずに歩けるかしら

あなたから心のプリズムを借りたら
今までみえなかった
あなたの想いがわかるかしら

雨のらくがき

ほら　坊《ぼう》や見てごらん
かもめの子どもが見おろした
しずかな海の水の上
雨つぶおちて　てんてんてんてん
てんから広がる銀色の輪
あっちにもこっちにも
わ　わ　まあるい　わ
雨のらくがき　きれいだね

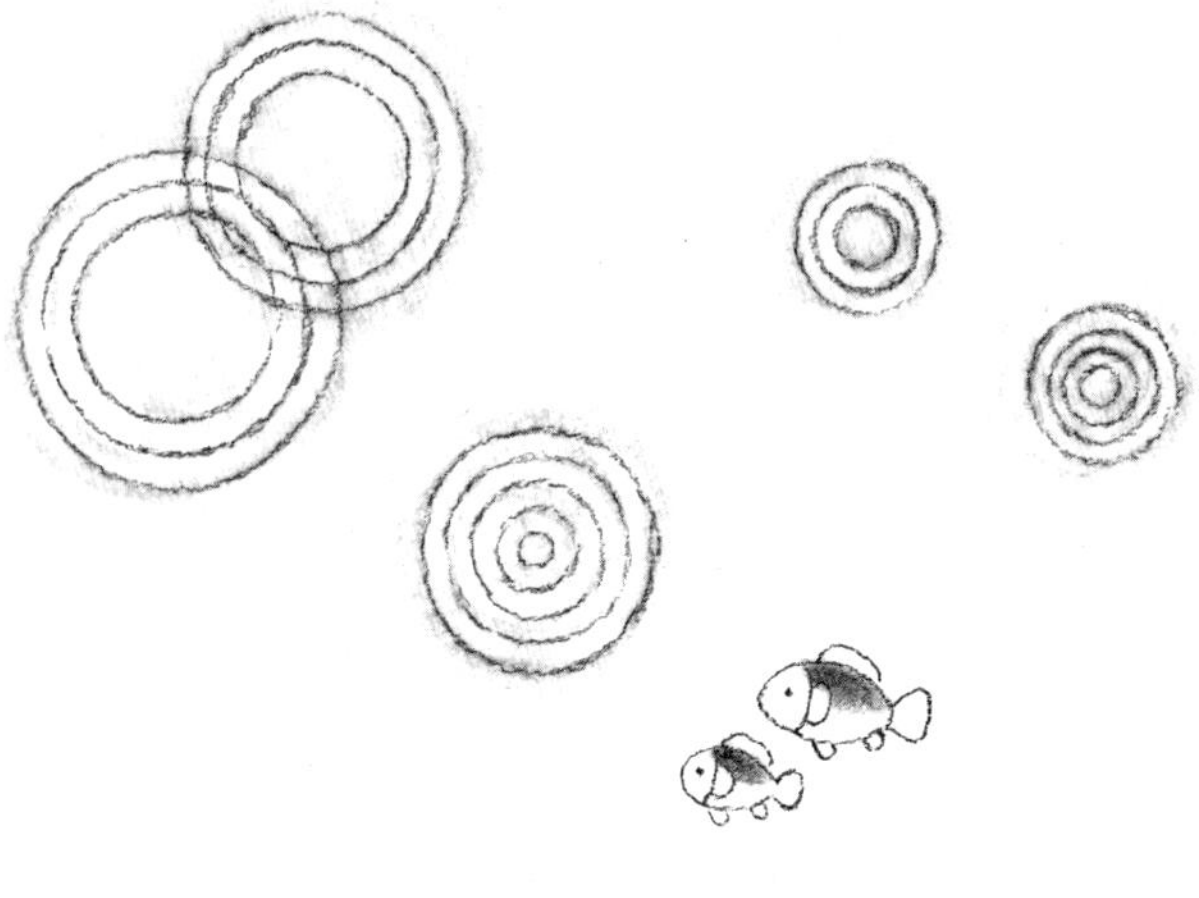

ほら　坊や見てごらん
さかなの子どもが見上げたら
しずかな海の水の上
雨つぶおちて　てんてんてん
てんから広がる銀色の輪
つぎからつぎへと
わ　わ　まあるい　わ
雨のらくがき　楽しいね

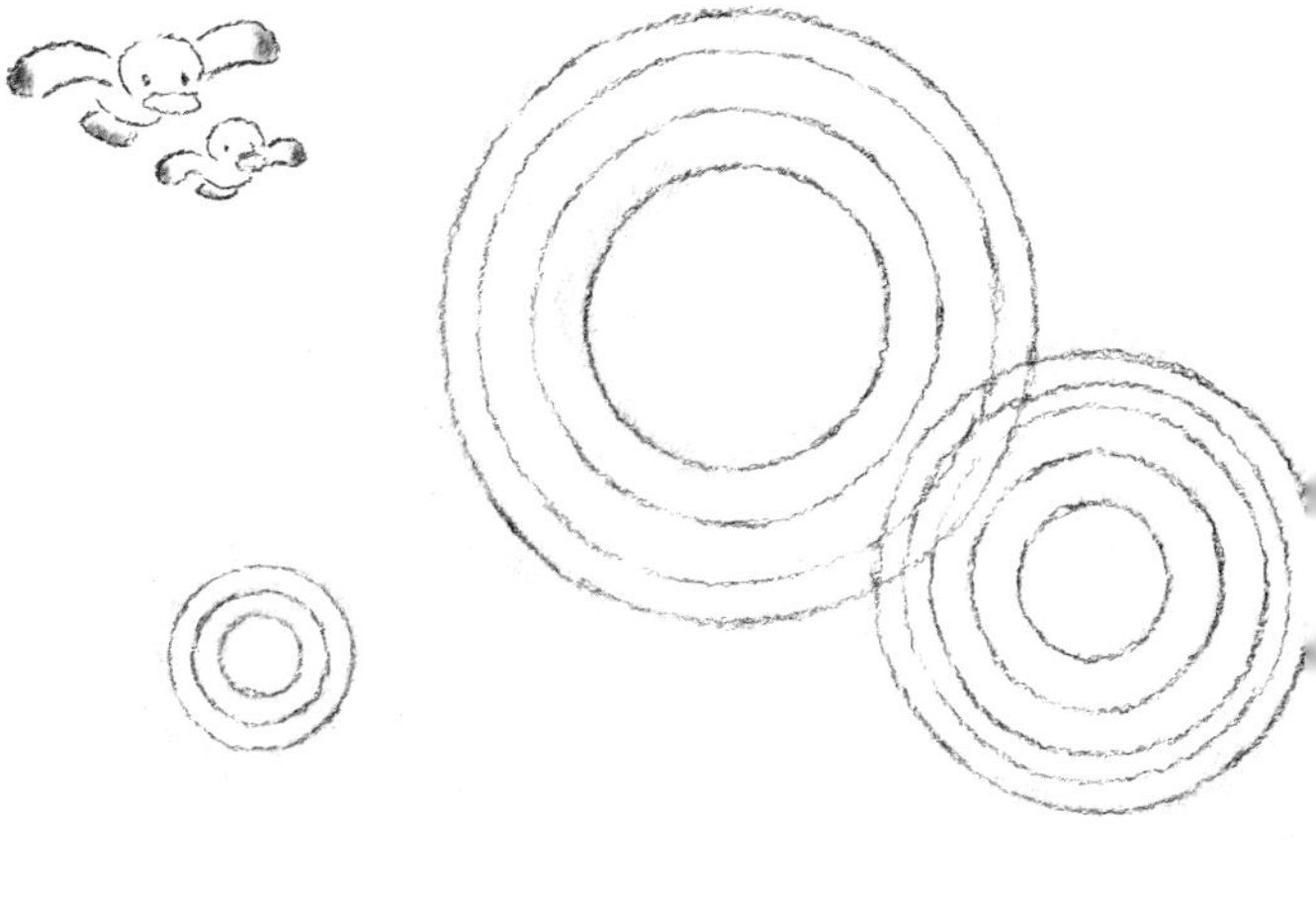

かくれんぼ

山ではね
キノボリトカゲがかくれんぼ
枝《えだ》につかまり変身だ
木の色になって
まあだだよ

浜辺《はまべ》でね
コメツキガニがかくれんぼ
はさみをふってこっちだよ

いそいで穴《あな》へ
もういいよ

海ではね
青い魚がかくれんぼ
サンゴの林にとびこんで
おめめをくるくる
まあだだよ

グレーシャーク

海の中に沈《しず》んでいるとてつもなく大きな岩
ブルーコーナーにつかまり
水の中で息をひそめる

大きな魚の影
グレーシャークが近づいてきた
コバンザメを両側にしたがえて

太平洋の波に流されないように
岩を両手でつかんで
わたしたちは海草になる

水族館で見た
ねずみ色の大きなサメ
グレーシャークが目の前を行ったり来たり
小さな眼で
ダイバーを観察しているのかな

人魚《にんぎょ》のうた

海の底にねむるのは
貝
ヒトデ
魚
えび
珊瑚《さんご》に海藻《かいそう》
砲弾《ほうだん》に戦車

白い砂に埋《うず》もれているのは
人々の白い骨《ほね》
零《こぼ》した涙《なみだ》の粒《つぶ》

南の海の
人魚たちは
ずっと昔のかなしいうた

ふるさとに帰れなかった若者《わかもの》の話
サトウキビ畑が焼かれた話
B29《ビー》が飛び立った話
赤ちゃんを抱《だ》いたお母さんたちが
バンザイバンザイと
断崖《だんがい》から海に跳《と》び込《こ》んだ話

いまでも
ココヤシの下で歌います

サンゴの丘

うす紅《べに》色のツノサンゴ
黄色い花束《たば》イシサンゴ
テーブルサンゴは緑色

チョウチョウウオはゆうゆうと
赤いハナゴイひらひらと
クマノミたちはかくれんぼ

サンゴの丘は海の楽園
生き物たちのオアシスだった

白いサンゴがふえたのは
水の温度が上がったから

サンゴは死んでしまったの

白いサンゴがふえたのは
海の水が汚《よご》れたから
サンゴは死んでしまったの

サンゴの丘は静まり返り
生き物たちは姿《すがた》を消した

色とりどりの丘になれ
もどっておいでエビもカニも
泳ぎまわれよ魚たち

白い海からきこえてくるよ
生き物たちの祈《いの》りのうた

しらす

海の中では
とうめいに輝《かがや》いていた
小さな魚たち
きっと離《はな》れないように
いっしょに泳いでいたんだ

今は
ぼくのご飯の上

銀色の輪の中の白い目玉が
二つ飛び出してぼくを見ている
爪《つめ》の先ほどの小さな魚
お腹《なか》に海の底の砂のもようをつけて

次は
ぼくのお腹の中だ

海からやってきた
いわしの赤ちゃんたちは
ぼくの中で
いつまでも泳ぎ続けるのかな

鏡《かがみ》

胸《むね》の奥《おく》からのぼった月
白い光がさしこむ窓辺《まどべ》
プレゼントの箱《はこ》に入れる笑顔《えがお》をつくって笑《わら》う

鏡に映《うつ》った笑顔の向こうに
立ちつくすわたしの蝋《ろう》人形は
忍《しの》び寄る足音に脅《おび》えてる

月の光の中を
銀色の腹を光らせて泳ぐ鰯《いわし》の群《む》れに
入って泳ぎ始めるわたし

夢《ゆめ》の中で
星空の海を
泳いできたら
とりもどせるだろうか
きのうの笑い声を

茨《いばら》

涙《なみだ》に色があったら
わたしは
赤い涙をながすでしょう
誰《だれ》かに傷《きず》つけられ
こっそり
白猫《ねこ》に打ち明けるとき
白猫は耳をぴくぴくさせて
きいてくれるでしょう

目をまんまるにして
きいてくれるでしょう
そして涙と同じ色の
茨をとどけてくれるでしょう

塗《ぬ》り替《か》え

ウサギ村の村長さん
学校をれんが色から
クローバー色に塗り替えた

チョウチョウ町の町長さん
病院をクリーム色から
キャベツ色に塗り替えた

リスの村の大臣は
役場を若草色から

クルミ色に塗り替えた
動物の国では
塗り替えがはやっています

動物たちは
おいしそうな色
おいしそうと喜びます

もぐらは土の中で
中身は変わったのかい
中身は変わったのかいとささやきます

おまんじゅう

おまんじゅうをほおばって
いっしょに食べるとおいしいね
一人暮《ぐ》らしのおばあちゃんの顔がにっこり

僕《ぼく》が小さいとき
おやつにおまんじゅうを作ってくれた
今はもう
指が曲《ま》がって動かなくなってしまった

お小遣《こづか》いで買ったおまんじゅう
こんなに喜んでくれるなんて
いっしょに食べるとおいしいね
また繰《く》り返す

帰りがけにはいつも
こんどいつ来るの
お決まりの文句《もんく》

玄関《げんかん》を出ると
おばあちゃんの声が追いかけてくる
元気でね

朴《ほお》の木の陰《かげ》から

顔が隠《かく》れるくらい大きな葉っぱの朴の木
昔
朴歯下駄《ほおばげた》を作った木なんだよって
おじいさんが教えてくれた

宇宙《うちゅう》との交信
秩父《ちちぶ》の昔話
あの世とこの世を繋《つな》ぐ蛇《へび》
中国の不思議な話
けん玉やめんこ

べえごまの手柄《てがら》話

次から次へと
面白《おもしろ》いお話が出てくる長い長い巻物《まきもの》を
ふところに忍《しの》ばせて
やって来たおじいさん

今は遠くへ行ってしまったけど
庭の古い朴の木の葉っぱが
ざわざわすると
さあ今日は
どのお話を始めようかな
おじいさんの声

菓《か》子《し》屋《や》横《よこ》丁《ちょう》

金《きん》太《た》郎《ろう》の組み飴《あめ》は
切っても切っても同じ顔
ニッキに黒玉はっか玉
駄《だ》菓《が》子《し》が並ぶ菓子屋横丁

ブリキの金魚に吹《ふ》きのばし
めんこにけん玉くじ引き袋《ぶくろ》
おもちゃも並ぶ菓子屋横丁

芋《いも》まんじゅうに芋アイス
ほおばり歩く親子連れ

昼間はにぎわう横丁なのに
打ち水をするおばあさん
のれんをしまうおじいさん
遠くで
「時の鐘《かね》」の音

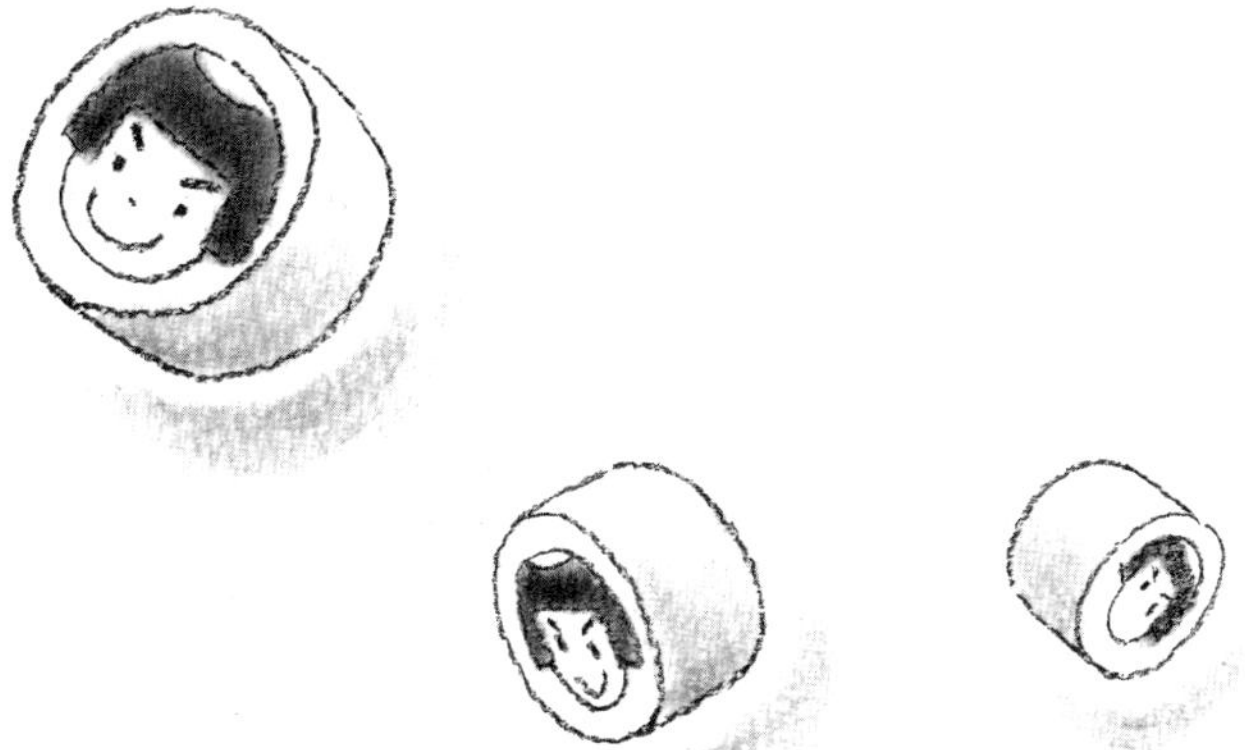

父さんの背中

しっかりつかまってろよ
父さんの腰《こし》にしがみつき
バイクに乗る

稲《いね》のにおいのする
風が飛んでくる
川沿《ぞ》いの道を曲《ま》がると
眼医者《めいしゃ》さんだ

郵便はがき

恐れいりますが
切手をお貼りください

248-0017

神奈川県鎌倉市佐助 1-10-22 佐助庵

㈱ 銀の鈴社

ジュニアポエムシリーズNo.282

『エリーゼのために』

担当 行

下記個人情報につきましては、お客様のご意見・ご要望への回答ならびに銀の鈴社書籍・サービス向上のために活用させていただきます。なお、頂きました情報につきましては、個人情報保護法に基づく弊社プライバシーポリシーを遵守のうえ、厳重にお取り扱い致します。

ふりがな	お誕生日
お名前 （男・女）	年　　月　　日
ご住所　（〒　　　　　　）　TEL	
E-mail	

☆ **この本をどうしてお知りになりましたか？** （□に✓をしてください）

□ 書店で　□ ネットで　□ 新聞、雑誌で（掲載誌名：　　　　　　）

□ 知人から　□ 著者から　□ その他（　　　　　　）

★ Amazonでご購入のお客様へ　おねがい★

本書レビューをお願いいたします。

読み終わった今の新鮮な気持ちが多くの人たちに伝わりますように。

ご愛読いただきまして、ありがとうございます

今後の参考と出版の励みとさせていただきます。
（著者へも転送します）

◆ 本書へのご意見・ご感想をお聞かせください

◆ 著者：白石はるみさんへのメッセージをお願いいたします

※お寄せいただいたご感想はお名前を伏せて本のカタログや
ホームページ上で使わせていただくことがございます。予めご了承ください。

▼ご希望に✓してください。資料をお送りいたします。▼

□本のカタログ □野の花アートカタログ □個人出版 □ 詩・絵画作品の応募要項

ゲラを先読みした 読者の方々から

「本のたんじょうに たちあおう」

〜 好きな作品と感じたこと 〜

詩「時間」

小学生の頃、授業で夜空に見える星の光は何億光年もかけて届いた光なんだと知って、自分がこの広い宇宙の小さな小さな存在なんだという不思議な感覚になったことを思い出してとても懐かしくなった。

詩「明日になったら」

シンプルな言葉なのにとても心に深く刺さった。
年を重ねて行くと、今日という日が二度と繰り返されないという当たり前のことが身にしみて感じられる。
今、この瞬間を大事にするというシンプルな想いを改めて心に刻みたいと思う。

（匿名希望　40代・女性）

※上記は寄せられた感想の一部です※

ジュニアポエムシリーズNo.282
白石はるみ 詩集
『エリーゼのために』
銀の鈴社刊

朝から
二時間もかかって配達に行き
夜遅《おそ》くまで仕事をするのに
いつも
私をお医者に連れて行ってくれる

父さんの背中
見上げると
ヘルメットの隙間《すきま》から白い髪《かみ》が

ありがとう
ジャンパーの背中に向かって

一枚《まい》のお札《ふだ》

歩いて
歩いて
大好きなあなたを追いかけて
水もなく
お金もなく
森の中を
雨に濡《ぬ》れて
古い大きな神社まで

この世界の札を持っているかい
門番の大きな犬のような声
いいえ
小さな女の子のかすれ声
どこでその札買えるの
女の子の震《ふる》えた声は
森の中に吸《す》い込《こ》まれていく

石の狛犬《こまいぬ》に睨《にら》みつけられ
どこで買えるの
知らないよそんなもの
池のカエルは知らんかお

百日紅《さるすべり》の白い花の枝《えだ》にさがってないかな
ジョロウグモの巣《す》にひっかかってないかな
夜明けになるまで探《さが》した
山鳩《やまばと》さん見たことない
答えは返ってきません

探しても探しても
見つからないお札
一人のおばあさんが
今日も探しています

丸木舟《ぶね》

老袋《おいぶくろ》の川底に眠《ねむ》っていた丸木舟
今はもう乗れない
舟はうしろが朽《く》ち果《は》てているから

縄文海進《じょうもんかいしん》のころ
東京湾《わん》はせまっていた
武蔵野《むさしの》台地まで
小仙波貝塚《こせんばかいづか》から
シジミ
バイガイ
タニシ
ハマグリ
カキ

貝殻《かいがら》のかけらが
たくさん掘《ほ》り出された

縄文人は丸木舟に乗って
漁《りょう》に出かけたのだろう

博物館の展示場《てんじじょう》の丸木舟
今はもう乗れない
でも
縄文人の魂《たましい》は
今でも探《さが》している
昔の海と櫂《かい》を

注・この丸木舟は老袋（おいぶくろ）の入間《いるま》川の川底で発見され、
川越市立博物館に展示されている
縄文海進は縄文時代に発生した海水面の上昇《じょうしょう》のこと

舟運《しゅううん》

台地から湧《わ》き出る泉《いずみ》
ルリタテハ
キアゲハ
蝶《ちょう》が舞《ま》っていた

蒲《がま》の穂《ほ》で遊ぶ子どもたち
船荷《ふなに》を運ぶ人々

新河岸《しんがし》川の一番上流の河岸場《かしば》
舟運の出発点であった仙波河岸《せんばがし》

川越《かわごえ》から江戸へ
醤油《しょうゆ》　さつま芋《いも》　年貢米《ねんぐまい》が

江戸から川越へ
天草《てんぐさ》　干鰯《ほしか》　糠《ぬか》や塩が運ばれていた
並舟《なみふね》　早舟《はやふね》　急舟《きゅうふね》で

人も飛切りに乗れば
船頭も急ぎ竿《さお》さす
今日下って明日上る

ハァー九十九曲《まが》り仇《あだ》では越《こ》せぬ
通《かよ》い舟路《ふなじ》の三十里
ハァー押《お》せや押せ押せ二挺艪《ちょうろ》で押せよ
押せば千住《せんじゅ》が近くなる

幕末《ばくまつ》の河岸場から
船頭たちの舟歌《ふなうた》が聞こえてくるようです

蓮馨寺《れんけいじ》

少女は待っていた
会社がえりの母ちゃんを
おしろいばなの種を
ポケットにつめこんで

直したいところをなでて
おびんずる様に
お祈りすると直るんだって

衣《ころも》の上から胸《むね》をなでた
おばあちゃんの心臓《しんぞう》が
痛《いた》くなりませんように

おびんずる様の耳をなでた
母ちゃんの耳鳴りが
直りますように

背伸《せの》びして
おびんずる様の頭をなでた
おりこうになりますようにって

深い目を見て手をあわせると
おびんずる様の瞳《ひとみ》の奥《おく》に映《うつ》っていた
猫にいじわるをしている少女が

おびんずる様のまなざし
灯《とう》ろうの陰《かげ》に隠《かく》れても
追いかけてくる

神様への手紙

ぼくと君は仲良しコンビ
いつもいっしょ
君が困《こま》ったらぼくが助ける
ぼくが困ったら君が助けてくれる
ゴールデンコンビだったのに

とつぜん
ぼくと遊ばなくなった
訳《わけ》もわからず

口をきいてくれなくなった
目を合わせようとしてもそっぽを向いてしまう
「だれかと遊んで」と置手紙
君は幼《おさな》なじみと遊んでいる

ぼくは君が好きなんだ
やさしいスポーツマンで
クラスの人気者
ぼくよりかっこよくて頼《たの》もしい

知らないうちに意地悪しちゃったのかな
ぼくはおしゃべりだから

口をきいてもらえないのが一番辛《つら》いんだ
こっそり隠《かく》れて泣《な》いているよ
だれにも相談できないんだ
お腹《なか》もすかないし
好きなゲームもしたくない
勉強も遊びも何もかも

神様
ぼくたちを助けてください
ぼくはもっと良い子になります
約束《やくそく》します
君がずっと親友でいてくれるように

お祈《いの》りしつづけます

おばあちゃん

赤い帽子《ぼうし》にちゃんちゃんこ
ちょっと派手《はで》だねえ
恥《は》ずかしそうなおばあちゃん

笑《わら》いすぎだぞ
こら
ぼくの頭をなでてくれるおばあちゃん

酉《とり》から始まって

酉《とり》戌《いぬ》亥《い》子《ね》丑《うし》寅《とら》卯《う》辰《たつ》巳《み》午《うま》未《ひつじ》申《さる》
酉戌亥子丑寅卯辰巳午未申
酉戌亥子丑寅卯辰巳午未申
酉戌亥子丑寅卯辰巳午未申
酉戌亥子丑寅卯辰巳午未申酉
五廻《まわ》りは長いねえ
おばあちゃん

向かい風も
追い風も
歩いたり
走ったり

転んだり
色々あったなあ

まあとにかく
ありがとう
おおきにありがとうだよ
この世の中で出会った皆に
ぼくもその一人なんだよねえ
おばあちゃん

焼肉屋風景

焼肉屋さんにすわっている虎《とら》
それはぼく
お肉をむしゃむしゃ
虎になる

父さんが牛を仕留《しと》めたわけじゃない
母さんが牛を倒《たお》したわけじゃない

父さんも母さんも

お肉をむしゃむしゃ
虎になる

焼肉屋さんのおじさんは
肉を買ってきただけ
焼肉屋さんのおばさんは
肉を切っただけ

大きく牛を育てたのはだれ
大きな牛を倒したのはだれ

遠くの遠くのどこかのだれか

父さんも
母さんも
おじさんも
おばさんも頼《たの》んだだけ
どこかのだれかがしてくれる

お肉をむしゃむしゃ
一つの命をありがとう
たくさんの人にごちそうさま

小鳥

満開の桃畑《もも》の小道で
小鳥は
瞳《ひとみ》が桃色に光る小さな女の子に出会いました

女の子は言いました
あなたはどこから来たの
小鳥は答えました
わたしは母のお腹《なか》から生まれました
お母さんはどこから

おばあさんから
おばあさんはどこから
ひいおばあさんから
ひいおばあさんは
小鳥は言葉につまりました

次の桃畑の小道で
小鳥は
髪《かみ》が桃色に輝《かがや》く小さな女の子に出会いました
女の子は言いました
あなたは良い人ですか

小鳥は答えました
良い人と言えば良い人です
では悪い人
悪い人と言えば悪い人です
良い人悪い人のどちら
小鳥は言葉につまりました

次の次の桃畑の小道で
小鳥は
手足が桃色の小さな女の子に出会いました

女の子は言いました

あなたは役に立つ人
小鳥は答えました
人並《な》みに歌うことはできます
それがだれかの役に立つの
役には立たないけれど
だれかを幸福にすることはできるかもしれない

あとがき

二〇〇六年に第一詩集「風のシンフォニー」を出版してから十二年。三回の引越しをし、職場も二回変わり、短期間で環境が変化しました。ただ、変わらなかったのは、音楽室で子どもたちと一緒に歌を歌い続けたこと、毎日音楽を楽しんだこと、時々、山の中の温泉やスキューバダイビングをしに南の島に行ったことでした。そんな中で、その時々に心に止まったことを、独り言のように書き綴ってきました。

その独り言のように拙い詩を、「おりおん」の同人の皆さんや、「プリズム」(二〇〇七~二〇一一)の皆さんに、ご意見をいただいたり、励ましていただいたりしたので、少しずつ、推敲することができるようになりました。また、日本童謡協会の作曲家の大田桜子様、中郡俊彦様、高月啓充様、渡邉玲子様、曽根紀子様、大西進様に曲を付けていただき、歌になるような詩がなかなか書けなかった私には、励みになりました。皆様に感謝申し上げます。

最後にこの詩集を出版するにあたり、イラストレーターのかないゆみこさんには、川越女子高等学校同窓会での久しぶりの出会いをきっかけに、素敵な挿絵を描いていただきました。銀の鈴社の柴崎俊子様と西野真由美様には、細やかな編集をしていただきました。心からお礼申し上げます。

白石はるみ（しらいし　はるみ）
1957年埼玉県川越市生　本名　白石晴美
川越市内の小学校に着任し、5校を経て、現在、富士見市の小学校で音楽を教える。
第一詩集「風のシンフォニー」（てらいんく）
日本童謡協会会員・詩誌「おりおん」同人

かないゆみこ
埼玉県川越市生　本名　金井由美子
イラスト、デザイン会社を経てフリーに。
教科書、児童教材出版物、幼児誌、一般出版物などのイラスト等を手がける。
日本児童出版美術家連盟会員。

NDC911
神奈川　銀の鈴社　2018
92頁　21cm（エリーゼのために）

ジュニアポエムシリーズ　282　　2018年7月7日発行
本体1,600円＋税

エリーゼのために

著　者　　詩・白石はるみ©　絵・かないゆみこ©
発行者　　柴崎聡・西野真由美
編集発行　㈱銀の鈴社 TEL 0467-61-1930　FAX 0467-61-1931
〒248-0017　神奈川県鎌倉市佐助1-10-22佐助庵
http://www.ginsuzu.com
E-mail　info@ginsuzu.com

ISBN978-4-86618-049-6 C8092
落丁・乱丁本はお取り替え致します
印刷　電算印刷
製本　渋谷文泉閣

…ジュニアポエムシリーズ…

1 鈴木敏史詩集 宮下琢郎・絵 星の美しい村 ★☆
2 小池知子詩集 高志孝子・絵 おにわいっぱいぼくのなまえ ★☆
3 鶴岡千代子詩集 武田淑子・絵 白い虹 児文芸新人賞
4 楠木しげお詩集 久保雅勇・絵 カワウソの帽子
5 津坂治男詩集 垣内美穂・絵 大きくなったら ★◇
6 後藤れい子詩集 山本まつ子・絵 あくたれぼうずのかぞえうた
7 北村蔦子詩集 柿本幸造・絵 あかちんらくがき
8 吉田瑞穂詩集 吉田翠・絵 しおまねきと少年 ★⊠◎
9 新川和江詩集 葉祥明・絵 野のまつり ★☆
10 阪田寛夫詩集 織茂恭子・絵 夕方のにおい ★◆☆○
11 高田敏子詩集 若山憲・絵 枯れ葉と星 ★☆
12 原田直友詩集 吉田翠・絵 スイッチョの歌 ★◎
13 小林純一詩集 久保雅勇・絵 茂作じいさん ★◉●☆◎
14 長谷川俊太郎詩集 長新太・絵 地球へのピクニック ★◎
15 与田準一詩集 深沢省三・深沢紅子・絵 ゆめみることば ★

16 岸田衿子詩集 中谷千代子・絵 だれもいそがない村
17 江間章子詩集 榊原直美・絵 水と風 ◇◎
18 原田直友詩集 小野まり・絵 虹―村の風景― ★
19 福田正夫詩集 福田達夫・絵 星の輝く海 ★☆
20 草野心平詩集 長野ヒデ子・絵 げんげと蛙 ★☆○◇
21 宮田滋子詩集 青木まさる・絵 手紙のおうち ☆○
22 久保田昭三詩集 斎藤彬子・絵 のはらでさきたい
23 鶴岡千代子詩集 加倉井和夫・武田淑子・絵 白いクジャク ★●
24 尾上尚子詩集 まど・みちお・絵 そらいろのビー玉 ★☆ 児文協新人賞
25 水上紅詩集 深沢紅子・絵 私のすばる ☆
26 野呂昶詩集 福島一二三・絵 おとのかだん ★
27 こやま峰子詩集 武田淑子・絵 さんかくじょうぎ ☆
28 青戸かいち詩集 駒宮録郎・絵 ぞうの子だって
29 まきたかし詩集 福田達夫・絵 いつか君の花咲くとき ★☆♡
30 薩摩忠詩集 駒宮録郎・絵 まっかな秋 ★☆♡

31 新川和江詩集 福島一二三・絵 ヤァ！ヤナギの木 ★☆○♡
32 井上靖詩集 駒宮録郎・絵 シリア沙漠の少年 ★☆♡
33 古村徹三詩・絵 笑いの神さま
34 江上波夫詩集 青空風太郎・絵 ミスター人類 ○☆
35 秋原秀夫詩集 鈴木義治・絵 風の記憶 ★◎
36 水村三千夫詩集 武田淑子・絵 鳩を飛ばす
37 久冨純江詩集 渡辺安芸夫・絵 風車クッキングポエム
38 日野生三詩集 吉野晃希男・絵 雲のスフィンクス ★
39 佐藤雅子詩集 佐藤太清・広瀬きよみ・絵 五月の風 ★
40 小黒恵子詩集 武田淑子・絵 モンキーパズル ★
41 木村信子詩集 山本典子・絵 でていった
42 中野栄子詩集 吉田翠・絵 風のうた ☆
43 宮田滋子詩集 牧村慶子・絵 絵をかく夕日 ★
44 大久保テイ子詩集 渡辺安芸夫・絵 はたけの詩 ★☆
45 秋原秀夫詩集 赤星亮衛・絵 ちいさなともだち ♥

☆日本図書館協会選定（2015年度で終了）
★全国学校図書館協議会選定（SLA）
□少年詩賞　■茨城県すいせん図書
○厚生省中央児童福祉審議会すいせん図書
●日本童謡賞　♧岡山県選定図書
♡日本子どもの本研究会選定
♥秋田県選定図書
♣愛媛県教育会すいせん図書
◇岩手県選定図書
◆京都府選定図書
⊠芸術選奨文部大臣賞
◉赤い鳥文学賞　◆赤い靴賞

…ジュニアポエムシリーズ…

46	日友 靖子詩集 藤城 清治・絵 安西 明美・絵	猫曜日だから	◆☆
47	秋葉てる代詩集 武田 淑子・絵	ハープムーンの夜に	♡
48	こやま峰子詩集 山本 省三・絵	はじめのいーっぽ	★♡
49	黒柳 啓子詩集 金子 滋・絵	砂かけ狐	♡
50	三枝ますみ詩集 武田 淑子・絵	ピカソの絵	☆♡●
51	夢 虹二詩集 武田 淑子・絵	とんぼの中にぼくがいる	♡○♥
52	はたちよしこ詩集 まど・みちお・絵	レモンの車輪	□
53	大岡 信詩集 葉 祥明・絵	朝の頌歌	★☆♡♥◎
54	吉田 瑞穂詩集 吉田 翠・絵	オホーツク海の月	★☆♡
55	さとう恭子詩集 村上 保・絵	銀のしぶき	★☆♡
56	星乃ミミナ詩集 葉 祥明・絵	星空の旅人	★☆♡
57	葉 祥明 詩・絵	ありがとう そよ風	★♡▲
58	青戸かいち詩集 初山 滋・絵	双葉と風	
59	小野 ルミ詩集 和田 誠・絵	ゆきふるるん	★☆●♡
60	なぐもはるき 詩・絵	たったひとりの読者	★♡
61	小関 秀夫詩集 小倉 玲子・絵	風《かざ》栞《しおり》	★♡♥
62	海沼 松世詩集 守下さおり・絵	かげろうのなか	☆♡
63	山本 龍生詩集 小倉 玲子・絵	春行き一番列車	♡
64	小泉 周二詩集 深沢 省三・絵	こもりうた	★☆♡
65	かわてせいぞう詩集 若山 憲・絵	野原のなかで	♡★♥
66	えぐちまき詩集 赤星 亮衛・絵	ぞうのかばん	♡◆♥
67	池田あきつ詩集 小倉 玲子・絵	天気雨	♡
68	藤井 則行詩集 君島美知子・絵	友へ	♡
69	藤 哲生詩集 武田 淑子・絵	秋いっぱい	★♠
70	日友 靖子詩集 深沢 紅子・絵	花天使を見ましたか	★
71	吉田 瑞穂詩集 吉田 翠・絵	はるおのかきの木	★
72	小島 禄琅詩集 中村 陽子・絵	海を越えた蝶	☆★♥♡
73	にしおまさこ詩集 杉田 幸子・絵	あひるの子	★
74	山下 竹二詩集 徳田徳志芸・絵	レモンの木	★
75	高崎乃理子詩集 奥山 英俊・絵	おかあさんの庭	★♡
76	檜 きみこ詩集 広瀬 弦・絵	しっぽいっぽん	★●□☆♡
77	たかはしけいこ詩集 高田 三郎・絵	おかあさんのにおい	♡♣□
78	星乃ミミナ詩集 深澤 邦朗・絵	花かんむり	♥☆♡
79	佐藤 照雄詩集 津波 信久・絵	沖縄 風と少年	☆♡★
80	相馬 梅子詩集 やなせたかし・絵	真珠のように	♥★
81	小島 禄琅詩集 深沢 紅子・絵	地球がすきだ	★
82	鈴木美智子詩集 黒澤 梧郎・絵	龍のとぶ村	◇★♥
83	いがらしれいこ詩集 高田 三郎・絵	小さなてのひら	☆
84	宮入 黎子詩集 小倉 玲子・絵	春のトランペット	☆★
85	下田喜久美詩集 方 振寧・絵	ルビーの空気をすいました	☆
86	野呂 昶詩集 方 振寧・絵	銀の矢ふれふれ	★
87	ちよはらまちこ詩集 ちよはらまちこ・絵	パリパリサラダ	★
88	秋原 秀夫詩集 徳田徳志芸・絵	地球のうた	☆★
89	中島あやこ詩集 井上 緑・絵	もうひとつの部屋	★
90	藤川こうのすけ詩集 葉 祥明・絵	こころインデックス	☆

✲サトウハチロー賞　✣毎日童謡賞
◌三木露風賞
♤福井県すいせん図書
▲神奈川県児童福祉審議会推薦優良図書
♠奈良県教育研究会すいせん図書
❈北海道選定図書　❁三越左千夫少年詩賞
⊕静岡県すいせん図書
◎学校図書館図書整備協会選定図書（SLBA）

…ジュニアポエムシリーズ…

91 新井 和・詩集　高田 三郎・絵　おばあちゃんの手紙 ☆★
92 はなわたえこ・詩集　えばとかつこ・絵　みずたまりのへんじ ★●
93 柏木恵美子・詩集　武田 淑子・絵　花のなかの先生 ☆
94 中原千津子・詩集　寺内 直美・絵　鳩への手紙 ★
95 高瀬美代子・詩集　小倉 玲子・絵　仲なおり ★
96 杉本深由起・詩集　若山 憲・絵　トマトのきぶん ☆★◎ 児文芸新人賞
97 宍倉さとし・詩集　守下さおり・絵　海は青いとはかぎらない ♧
98 石井 英行・詩集　有賀 忍・絵　おじいちゃんの友だち ■
99 なかのひろ・詩集　アサト・シェラ・絵　とうさんのラブレター ☆★
100 小松 静江・詩集　藤川 秀之・絵　古自転車のバットマン
101 石原 一輝・詩集　加藤 真夢・絵　空になりたい ☆✧★
102 小泉 周二・詩集　西 真里子・絵　誕生日の朝 ☆■★
103 くすのきしげのり童謡　わたなべあきお・絵　いちにのさんかんび ☆★
104 成本 和子・詩集　小倉 玲子・絵　生まれておいで ☆★♡♧✧
105 伊藤 政弘・詩集　小倉 玲子・絵　心のかたちをした化石 ★

106 川崎 洋子・詩集　井戸 妙子・絵　ハンカチの木 □★☆
107 柘植 愛子・詩集　油野 誠一・絵　はずかしがりやのコジュケイ ✧
108 新谷智恵子・詩集　葉 祥明・絵　風をください ☆◈●♡✣☼
109 金親 尚子・詩集　牧 進・絵　あたたかな大地 ☆
110 黒柳 啓子・詩集　吉田 翠・絵　父ちゃんの足音 ☆★♡□
111 富田 栄子・詩集　油野 誠一・絵　にんじん笛 ♡☆
112 原 国子・詩集　高畠 純・絵　ゆうべのうちに ☆△
113 宇部 京子・詩集　スズキコージ・絵　よいお天気の日に ○□●☆◇★
114 武鹿 悦子・詩集　牧野 鈴子・絵　お花見 ☆□
115 山本なおこ・詩集　梅田 俊作・絵　さりさりと雪の降る日 ☆★
116 小林比呂古・詩集　おおた慶文・絵　ねこのみち ☆
117 後藤れい子・詩集　渡辺あきお・絵　どろんこアイスクリーム ☆
118 重清 良吉・詩集　高田 三郎・絵　草の上 ☆□❀◆★
119 宮中 雲子・詩集　西 真里子・絵　どんな音がするでしょか ✲★
120 前山 敬子・詩集　若山 憲・絵　のんびりくらげ ☆★

121 川端 律子・詩集　若山 憲・絵　地球の星の上で ♡
122 たかはしけいこ・詩集　織茂 恭子・絵　とうちゃん ♡❀♣★
123 宮田 滋子・詩集　深澤 邦朗・絵　星の家族 ☆●
124 国沢たまき・詩集　唐沢 静・絵　新しい空がある
125 池田あきつ・詩集　小倉 玲子・絵　かえるの国 ★
126 黒田 恵子・詩集　倉島千賀子・絵　ボクのすきなおばあちゃん ☆★♡
127 垣内 磯子・詩集　宮崎 照代・絵　よなかのしまうまバス ☆♡★
128 小泉 周二・詩集　佐藤 平八・絵　太陽へ ❀★●☆♡
129 中島 和子・詩集　秋里 信子・絵　青い地球としゃぼんだま ☆★
130 のろさかん・詩集　福島一二三・絵　天のたて琴 ☆
131 加藤 丈夫・詩集　葉 祥明・絵　ただ今受信中 ☆★
132 北原 悠子・詩集　深沢 紅子・絵　あなたがいるから ♡
133 池田もと子・詩集　小倉 玲子・絵　おんぷになって ♡
134 鈴木 初江・詩集　吉田 翠・絵　はねだしの百合 ★
135 垣内 磯子・詩集　今井 俊・絵　かなしいときには ★

△長野県教育委員会すいせん図書　✡㈶日本動物愛護協会推薦図書
■茨城県推奨図書

…ジュニアポエムシリーズ…

136 秋葉てる代詩集 やなせたかし・絵 おかしのすきな魔法使い ●★
137 青戸かいち詩集 永田 萠・絵 小さなさようなら ❀★
138 柏木恵美子詩集 高田 三郎・絵 雨のシロホン ♡★
139 藤井 則行詩集 阿見みどり・絵 春 だ か ら ♡★◎
140 黒田 勲子詩集 山中 冬児・絵 いのちのみちを
141 南郷 芳明詩集 的場 豊子・絵 花 時 計
142 やなせたかし 詩・絵 生きているってふしぎだな
143 内田麟太郎詩集 斎藤 隆夫・絵 うみがわらっている
144 しまざきふみ詩集 島崎 奈緒・絵 こねこのゆめ ♡
145 糸永えつこ詩集 武井 武雄・絵 ふしぎの部屋から ♡
146 石坂きみこ詩集 鈴木 英二・絵 風 の 中 へ ♡
147 坂本 のこ詩集 坂本 こう・絵 ぼくの居場所 ♡
148 島村木綿子 詩・絵 森 の た ま ご ❀
149 楠木しげお詩集 わたせせいぞう・絵 まみちゃんのネコ ★
150 牛尾 良子詩集 上矢 津・絵 おかあさんの気持ち ♡

151 三越左千夫詩集 阿見みどり・絵 せかいでいちばん大きなかがみ ★
152 水村三千夫詩集 高見八重子・絵 月と子ねずみ
153 川越 文子詩集 横松 桃子・絵 ぼくの一歩 ふしぎだね ★
154 すずきゆかり詩集 葉 祥明・絵 まっすぐ空へ
155 西田 純詩集 葉 祥明・絵 木の声 水の声
156 清野倭文子詩集 水科 舞・絵 ちいさな秘密《ひみつ》
157 川奈 静詩集 直江みちる・絵 浜ひるがおはパラボラアンテナ ★◎
158 若木 良水詩集 西 真里子・絵 光と風の中で
159 牧 陽子詩集 渡辺あきお・絵 ね こ の 詩 ★◎
160 宮田 滋子詩集 阿見みどり・絵 愛 一 輪 ★◎
161 井上灯美子詩集 唐沢 静・絵 ことばのくさり ☆●
162 滝波万理子詩集 滝波 裕子・絵 みんな王《おう》様《さま》 ★●
163 冨岡 みち詩集 関口 コオ・絵 かぞえられへん せんぞさん ★
164 垣内 磯子詩集 辻 恵子・切り絵 緑色のライオン ★◎
165 すぎもとれいこ詩集 平井 辰夫・絵 ちょっといいことあったとき ★

166 岡田喜代子詩集 おぐらひろかず・絵 千 年 の 音 ★☆◎
167 川奈 静詩集 直江みちる・絵 ひもの屋さんの空 ★◎☆♥♡
168 鶴岡千代子詩集 武田 淑子・絵 白 い 花 火 ★☆
169 井上灯美子詩集 唐沢 静・絵 ちいさい空をノックノック ★◎☆
170 尾崎 杏子詩集 ひなた山すじゅう郎・絵 海辺のほいくえん ☆♡★◎
171 柘植 愛子詩集 やなせたかし・絵 たんぽぽ線路 ☆♡★◎●
172 小林比呂古詩集 うめざわのりお・絵 横須賀スケッチ ☆★◎♡▲
173 林 佐知子詩集 串田 敦子・絵 きょうという日 ☆★◎♡▲
174 後藤基宗子詩集 岡澤由紀子・絵 風とあくしゅ ☆♥★◎♡
175 土屋 律子詩集 高瀬のぶえ・絵 るすばんカレー ☆♡★◎▲
176 三輪アイ子詩集 深沢 邦朗・絵 かたぐるましてよ ★☆♡
177 田辺瑞美子詩集 西 真里子・絵 地 球 賛 歌 ☆★◎
178 高瀬美代子詩集 小倉 玲子・絵 オカリナを吹く少女 ☆♡
179 中野 惠子詩集 串田 敦子・絵 コロポックルでておいで ★♡☆●
180 松井 節子詩集 阿見みどり・絵 風が遊びにきている ★☆♡▲

…ジュニアポエムシリーズ…

181 新谷智恵子詩集 徳田徳志芸・絵 とびたいペンギン 佐世保文学賞 ♡★◎▲

182 牛尾良子詩集 牛尾征治・写真 庭のおしゃべり ♡★◎

183 三枝ますみ詩集 高見八重子・絵 サバンナの子守歌 ☆★

184 佐藤雅子詩集 佐藤太清 菊池治子・絵 空の牧場《まきば》 ☆★♡■◎◈

185 山内弘子詩集 おぐらひろかず・絵 思い出のポケット ♡★●

186 山内弘子詩集 阿見みどり・絵 花の旅人 ♡★▲

187 原国子詩集 牧野鈴子・絵 小鳥のしらせ ♡★△◎

188 人見敬子詩・絵 方舟《はこぶね》地球号 ―いのちは元気― ♡★◎

189 林佐知子詩集 串田敦子・絵 天にまっすぐ ★☆♡◎

190 小臣富子詩集 渡辺あきお・絵 わんさかわんさかどうぶつさん ✡♡★◎

191 川越文子詩集 かまだちえみ・写真 もうすぐだからね ♡★◎

192 永田喜久男詩集 武田淑子・絵 はんぶんごっこ ☆★◎♡

193 吉田房子詩集 大和田明代・絵 大地はすごい ★◎♡

194 石井春香詩集 高見八重子・絵 人魚の祈り ★♡

195 石原一輝詩集 小倉玲子・絵 雲のひるね ♡

196 たかはしけいこ詩集 髙橋敏彦・絵 そのあと ひとは ★

197 宮田滋子詩集 おおた慶文・絵 風がふく日のお星さま ★♡◎

198 渡辺恵美子詩集 つるみゆき・絵 空をひとりじめ ★♡●

199 宮中雲子詩集 西真里子・絵 手と手のうた ★

200 杉本深由起詩集 太田大八・絵 漢字のかんじ ★♡

201 井上灯美子詩集 唐沢静・絵 心の窓が目だったら ★♡

202 峰松晶子詩集 おおた慶文・絵 きばなコスモスの道 ★♡

203 高橋文子詩集 山中桃子・絵 八丈太鼓 ★♡

204 長野貴子詩集 武田淑子・絵 星座の散歩 ★♡

205 江口正子詩集 髙見八重子・絵 水の勇気 ♡☆★

206 藤本美智子詩・絵 緑のふんすい ☆♡★

207 林佐知子詩集 串田敦子・絵 春はどどど ♡★◎

208 小関秀夫詩集 阿見みどり・絵 風のほとり ☆♡★

209 宗美津子詩集 宗信寛・絵 きたのもりのシマフクロウ ♡★

210 かわてせいぞう詩集 髙橋敏彦・絵 流れのある風景 ☆♡★

211 土屋律子詩集 高瀬のぶえ・絵 ただいまぁ ★♡☆◎

212 永田喜久男詩集 武田淑子・絵 かえっておいで ☆♡★

213 みたみちこ詩集 牧進・絵 いのちの色 ♡★

214 糸永えつこ詩集 糸永わかこ・絵 母です 息子です おかまいなく ♡☆★

215 宮田滋子詩集 武田淑子・絵 さくらが走る ♡☆★●

216 柏木恵美子詩集 吉野晃希男・絵 ひとりぼっちの子クジラ ♡★◎

217 江口正子詩集 髙見八重子・絵 小さな勇気 ♡☆★

218 井上灯美子詩集 唐沢静・絵 いろのエンゼル ★♡

219 中島あやこ詩集 日向山寿十郎・絵 駅伝競走 ★☆♡

220 高橋孝治詩集 髙見八重子・絵 空の道 心の道 ★♡

221 江口正子詩集 日向山寿十郎・絵 勇気の子 ♡☆★

222 宮田滋子詩集 牧野鈴子・絵 白鳥よ ☆★

223 井上良子詩集 銅版画 太陽の指環 ★

224 川越文子詩集 山中桃子・絵 魔法のことば ♡☆★

225 西本みさこ詩集 上司かのん・絵 いつもいっしょ ☆♡

…ジュニアポエムシリーズ…

銀の小箱シリーズ

葉 祥明 詩・絵　小さな庭

若山 憲 詩・絵　白い煙突

こばやしひろこ・詩 うめざわのりお・絵　みんななかよし

江口 正子・詩 油野 誠一・絵　みてみたい

やなせたかし 詩・絵　あこがれよなかよくしよう

冨岡 みち・詩 関口 コオ・絵　ないしょやで

小林比呂古・詩 神谷 健雄・絵　花かたみ

小泉 周二・詩 辻 友紀子・絵　誕生日・おめでとう

柏原 耿子・詩 阿見みどり・絵　アハハ・ウフフ・オホホ★♡▲

こばやしひろこ・詩 うめざわのりお・絵　ジャムパンみたいなお月さま★▲

銀の鈴文庫

小沢 千恵・詩 下田 昌克・絵　あのこ♡

すずのねえほん

たかはしけいこ・詩 中釜浩一郎・絵　わたし★◎

尾上 尚子・詩 小倉 玲子・絵　ぽわぽわん

糸永えつこ・詩 高見八重子・絵　はるなつあきふゆもうひとつ★児文芸新人賞

山口 敦子・詩 高橋 宏幸・絵　ばあばとあそぼう

あらい・まさはる・童謡 しのはらはれみ・絵　けさいちばんのおはようさん

佐藤 雅子・詩 佐藤 太清・絵　こもりうたのように●日本童謡賞 美しい日本の12ヵ月

柏木 隆雄・詩 やなせたかし他・絵　かんさつ日記★♡

アンソロジー

渡辺 浦人・編 村上 保・絵　赤い鳥 青い鳥●

わたげの会・編 渡辺あきお・絵　花ひらく★

西木 曜会・編 真里子・絵　いまも星はでている★

西木 曜会・編 真里子・絵　いったりきたり♡

西木 曜会・編 真里子・絵　宇宙からのメッセージ

西木 曜会・編 真里子・絵　地球のキャッチボール★◎

西木 曜会・編 真里子・絵　おにぎりとんがった☆★◎

西木 曜会・編 真里子・絵　みぃーつけた♡★◎

西木 曜会・編 真里子・絵　ドキドキがとまらない

西木 曜会・編 真里子・絵　神さまのお通り★

西木 曜会・編 真里子・絵　公園の日だまりで★♡

西木 曜会・編 真里子・絵　ねこがのびをする♡★

掌の本 アンソロジー

こころの詩 I

しぜんの詩 I

いのちの詩 I

ありがとうの詩 I

詩集 希望

詩集 家族

いのちの詩集―いきものと野菜

ことばの詩集―方言と手紙

詩集―夢・おめでとう

詩集―ふるさと・旅立ち